HENRI V
ROI DE FRANCE

PAR

OHAN DEMIRGIAN

(HABIB-BEY)

ÉCUYER DE S. M. LE ROI DE SUÈDE ET DE NORWÉGE

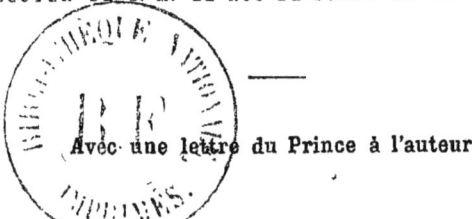

Avec une lettre du Prince à l'auteur.

PARIS

GAUME ET Cie, ÉDITEURS

3, RUE DE L'ABBAYE

Droits de traduction et de reproduction réservés.

Chez les mêmes Éditeurs

DICTIONNAIRE ENCYCLOPÉDIQUE
DE LA
THÉOLOGIE CATHOLIQUE

RÉDIGÉ PAR

les plus savants professeurs et docteurs en théologie de l'Allemagne
catholique moderne

COMPRENANT :

1° la Science de la Lettre, savoir : la Philologie biblique de l'Ancien et du Nouveau Testament, la Géographie sacrée, la Critique, l'Herméneutique ; 2° la Science des Principes, savoir : l'Apologétique, la Dogmatique, la Morale, la Pastorale, les Catéchèses, l'Homilétique, la Pédagogique, la Liturgique, l'Art chrétien, le Droit ecclésiastique ; 3° la Science des Faits, savoir : l'Histoire de l'Église, l'Archéologie chrétienne, l'Histoire des Dogmes, des Schismes, des Hérésies, la Patrologie, l'Histoire de la Littérature théologique, la Biographie des principaux personnages ; 4° la Science des Symboles, ou l'Exposition comparée des doctrines schismatiques et hérétiques, et leurs rapports avec les dogmes de l'Église catholique, la philosophie de la religion, l'histoire des religions non chrétiennes et de leur culte ; publié par les soins du docteur WETZER, professeur de Philologie orientale à l'Université de Fribourg en Brisgau, et du docteur WELTE, professeur de Théologie à la Faculté de Tubingue ; approuvé par Mgr l'Archevêque de Fribourg ; traduit de l'allemand et dédié à S. Ém. Mgr le cardinal Morlot, archevêque de Paris, par I. GOSCHLER, chanoine, docteur ès lettres, licencié en droit, etc., etc. 26 volumes in-8, à deux colonnes.

Édition sur papier ordinaire. 130 fr. — Édition sur papier glacé. 200 fr.

Dans un style clair et précis, ce Dictionnaire encyclopédique expose et résume les doctrines, les démonstrations et les résultats ayant trait à toutes les branches de la théologie.

Il sera d'un précieux secours au clergé pour la préparation des travaux p escrits pour les *Conférences ecclésiastiques*.

On lit dans l'*Univers* du 21 février 1873 :

« A l'occasion de la publication récente du XXVI° volume du *Dictionnaire encyclopédique de la Théologie catholique* de I. GOSCHLER, 3° *édition*, les éditeurs de ce Dictionnaire viennent de recevoir de S. G. Mgr DUQUESNAY, l'éloquent et vaillant évêque de Limoges, le précieux témoignage suivant :

« *Le Dictionnaire encyclopédique de la théologie catholique dont vous terminez la 3° édition est un ouvrage monumental et qui durera. Il peut tenir lieu de beaucoup d'autres livres de théologie. On le consulte facilement et avec une entière sécurité. Je vous félicite d'avoir entrepris cette vaste publication. Elle ne peut qu'honorer votre maison déjà si avantageusement connue dans le clergé français ; et je fais des vœux bien sincères pour que ce Dictionnaire soit répandu partout.* »

† ALFRED, évêque de Limoges.

Le 18 février 1873.

HENRI V
ROI DE FRANCE

HENRI V
ROI DE FRANCE

PAR

OHAN DEMIRGIAN

(HABIB-BEY)

ÉCUYER DE S. M. LE ROI DE SUÈDE ET DE NORWÉGE

Avec une lettre du Prince à l'auteur

PARIS

GAUME ET Cie, ÉDITEURS

3, RUE DE L'ABBAYE

Droits de traduction et de reproduction réservés.

PRÉFACE

Nous croyons qu'il est toujours permis à un étranger d'apprécier la situation politique d'un pays. Nous pensons qu'il en a le droit quand, après avoir occupé auprès de divers gouvernements des positions honorables et enviées, il a réservé, pour la nation où il a établi son séjour, des heures de repos, un amour et un respect sans bornes.

C'est à ce titre que nous venons émettre notre opinion sur la crise que traverse la France, développer les motifs qui nous paraissent militer en faveur du rétablissement de la maison de Bourbon sur le trône.

Nous avons eu l'honneur de voir monseigneur le

comte de Chambord ; il a daigné s'entretenir avec nous, et nous reproduirons ici une lettre qui prouve qu'il a bien voulu conserver de nous un bon souvenir. Nous n'essaierons pas de nier l'impression produite sur notre cœur par les paroles bienveillantes et l'attitude pleine de dignité du prince exilé, du gentilhomme resté le chef de la noblesse européenne, pas plus que nous n'avons jamais caché notre prédilection pour la France entre toutes les nations.

Ce sont ces deux sentiments réunis qui nous ont inspiré les lignes qu'on va lire. Puissent-elles prouver à la France qu'elle peut mettre fin à ses agitations, puisque la Providence a mis à sa disposition les deux choses qui lui ont manqué dans ses malheurs : UN PRINCIPE et UN HOMME !

LETTRE DE MONSEIGNEUR LE COMTE DE CHAMBORD

A L'AUTEUR

Venise, le 4 avril 1862.

En vous envoyant, mon cher Habib, un petit souvenir que je vous demande de conserver en mémoire de notre si agréable et si intéressant voyage d'Égypte, je suis heureux de vous répéter ici moi-même que je n'oublie aucun détail de notre charmante excursion sur le Nil. C'est vous dire que je n'oublie pas notre aimable compagnon qui, par son zèle et ses soins, a si bien rempli à notre égard les nobles et hospitalières intentions du Vice-roi que je vous prie de remercier encore de ma part. Nous ne cessons de parler de l'Égypte et de l'accueil que nous y avons reçu. J'espère que nous vous reverrons quand vous viendrez en Europe, comme vous en avez le projet. En attendant, je me félicite de pouvoir vous réitérer aujourd'hui l'assurance de toute ma gratitude et de ma sincère affection.

Signé : Henri.

A Habib-bey.

1

Ce qui étonne le plus le monde entier, dans les crises successives que vient de traverser la France, c'est qu'il ne se soit pas manifesté un homme dont la conception et le génie fussent à la hauteur du danger que courait la nation, un homme qui, par la rectitude de ses principes et l'énergie de sa volonté, incarnât en lui ce peuple encore admirable malgré ses désastres, et concentrât toutes ses forces dans une idée commune, l'idée de victoire pendant la guerre, l'idée de régénération après la défaite.

Au contraire, et pour le malheur du pays, on n'a cessé de discuter, au milieu même de la lutte contre l'invasion, sur des principes qui divisaient les partis, sur les doctrines qui scindent les sectes, sur les rivalités qui séparent les classes.

De septembre 1870 à février 1872, le pouvoir a été entre les mains de ceux qui conduisaient l'opposition sous l'Empire ; ils constituaient cette bourgeoisie libérale qu'on désignait en 1848 sous le nom de « *Capacités*, » alors qu'elle réclamait contre le privilége de vote accordé à la bourgeoisie censitaire. Jalouse de ceux qu'elle venait de renverser, mais craignant plus encore l'ardente ambition des chefs populaires sur lesquels elle s'était appuyée, nous l'avons vue, à Paris, plus préoccupée, dès le début, de Montmartre et de Belleville que des Prussiens, et, dans les départements, en hostilité tantôt sourde, tantôt éclatante avec les anciennes autorités, avec les Conseils généraux, avec tout ce que l'Empire avait considéré comme la seule démocratie digne de le soutenir.

A partir de février, au moment où l'Assemblée nouvelle, après avoir signé le plus douloureux traité de paix qui ait jamais été infligé, se recueille et cherche les moyens de réorganiser le pays, une insurrection terrible éclate et porte au pouvoir, dans la capitale, des hommes pour la plupart inconnus, appartenant à la lie de la nation.

Voit-on émerger de ce groupe la personnalité attendue, cette incarnation d'un principe que la grande majorité des citoyens puisse adopter? Est-ce de là que part le signe de ralliement attendu avec angoisse par le pays? Nullement. Ni énergie ni clarté; la révolte désordonnée, l'émeute divisée contre elle-même, à la fois antinationale et antisociale, bien qu'elle prétende parler au nom de la Patrie et de la Société. Ce n'est pas encore l'expression des vœux du pays, même grossière et inconsciente ; c'est une revendication brutale, et au dernier moment féroce, d'une classe contre une autre classe.

La commune est vaincue. L'Assemblée peut poursuivre ses travaux. Est-ce volontairement ou contrainte par les circonstances qu'elle abandonne à M. Thiers, président de la République, un pouvoir sans limite ?

Sous la forme d'un gouvernement parlementaire, nous voyons s'instituer une dictature absolue, d'autant plus absolue qu'elle est capricieuse, indécise, violente et faible à la fois. Tantôt la loi sommeille, tantôt l'arbitraire dépasse la loi jugée insuffisante. Toute mesure énergique est suspecte ; et il semble qu'après ce déchirement de la patrie, l'homme auquel on a confié ses nouvelles destinées ne soit préoccupé que de l'ambition d'exécuter des projets conçus à une autre époque, d'obtenir des succès financiers plus éclatants que ceux de M. Fould ou de M. Magne, de se montrer plus habile stratège que le maréchal Niel, plus diplomate que le duc de Richelieu.

Puis, il s'absorbe dans une sorte de parlementarisme tout à lui ; veut renfermer la France, ce pays de la logique et de la simplicité, dans son idiosyncrasie ondoyante ; invente un jeu de bascule qu'il prend pour l'équilibre ; attire la Gauche par des concessions de mots ; apaise la Droite par des concessions de fait ; et, pendant que le peuple patient verse à tous les guichets du fisc l'énorme rançon du pays, il se fait une auréole de la libération du territoire, se jugeant inattaquable au milieu de cette gloire qu'il revendique pour lui seul.

Alors, parce qu'il s'est presque divinisé, il croit être devenu cet homme-nation, cet homme-France si universellement désiré ; sa chute ne provoque aucun frémissement. On s'étonne parce qu'on le croyait puissant et qu'on le jugeait habile. On s'aperçoit que sa puissance n'émanait pas de lui, et qu'il est des habiletés supérieures.

On voit surtout qu'entre les aspirations des républicains qu'il contenait et les regrets des royalistes qu'il endormait, il ne représentait qu'une école négative, l'éclectisme ou le scepticisme. Ce n'était pas encore lui, dit le pays. Voyons les autres.

Dès le premier jour, le nouveau ministère s'affirme. La politique est nette ; c'est la politique de combat. Contre qui le combat? Contre l'idée républicaine? Ce serait bien peu habile, si l'idée républicaine n'était pas subdivisée comme elle l'est parmi les républicains éclairés, si le mot n'avait pas tant de significations diverses pour les républicains d'instinct.

Et d'ailleurs, en ce cas, les hommes qui viennent de monter au pouvoir ne représentent qu'une classe. Le combat est-il, comme ils l'affirment, contre les doctrines antisociales?

Sur ce terrain, il faut que l'homme qui prétend représenter le pays oppose aux doctrines subversives le principe social dans toute son intégrité. Et le principe social de la France, bien que la loi soit athée, c'est la religion catholique.

Cette proposition peut, *à priori*, paraître paradoxale. Nous croyons qu'il suffit d'un peu de réflexion pour reconnaître combien elle est profondément vraie. L'éducation de l'immense majorité des Français est catholique. On peut compter combien peu d'enfants sont soustraits au baptême, combien peu à la première communion. A l'âge de raison, on veut le mariage religieux, et l'impression qu'il produit est plus grave, plus persistante que celle du mariage civil; on conserve l'anneau, la pièce bénite, le bouquet et la couronne. Le symbole survit, alors même que les tribulations de l'existence, les nuages qui obscurcissent parfois la vie en commun, le déplacement des affections qui se portent sur les enfants, ont altéré les sentiments premiers. Quant au dernier sacrement, à celui qui prépare l'homme au grand voyage de son existence terrestre à l'autre vie, on compte encore ceux qui le refusent; et qui peut sonder la cause de leur refus !

Sans doute, dans les circonstances ordinaires de la vie, depuis surtout que le progrès nous déborde et nous condamne à un labeur de plus en plus dévorant en exaltant nos besoins plus vite que nous ne développons les moyens de les satisfaire, on peut dire que la plupart des Français vivent dans l'indifférence. Mais, le sentiment religieux ne fait que sommeiller dans leurs cœurs; il n'en faut pour preuve que l'horreur suprême causée par le massacre des prêtres, par la violation des églises. Et les ennemis mêmes de la religion constatent l'empire qu'elle exerce encore dans le pays d'où l'on prétend l'expulser, lorsqu'ils reprochent au clergé séculier les aumônes qu'il dispense, au clergé régulier les biens dont on le comble.

Oui, la France est catholique; et ce qui cause son malaise, son inquiétude, sa souffrance, c'est qu'elle sent que tous les autres principes sur lesquels on prétend fonder ses institutions organiques n'aboutiront qu'à des expédients passagers, qu'à des lois périssables. Son instinct lui fait comprendre qu'en dehors de la soumission permanente de tous à la puissance divine, il n'existe plus qu'une suite non interrompue de révolutions ayant pour but de substituer la domination d'une classe à celle d'une autre classe, mettant ainsi la destinée de tous à la merci d'un changement de nombre dans les partis qui convoitent le pouvoir.

Tous les principes humains, elle les a essayés; et elle a pu reconnaître que le principe humain qui peut la rallier tout entière, reformer le faisceau brisé de ses forces, n'a pas encore été formulé. De là, à conclure qu'il n'y a pas de principe humain, n'est-ce pas logique ? Et ceux qui ne veulent se conduire que d'après la vérité expérimentale ont-ils encore besoin d'expérience?

Ce principe de stabilité que nous trouvons dans les mœurs de la France et qui contraste si vivement avec l'instabilité de nos lois, en quel homme s'incarne-t-il, si ce n'est dans l'héritier légitime de ceux qui furent toujours appelés les Fils aînés de l'Église, dans monseigneur le comte de Chambord, duc de Bordeaux, dans celui que tant de Français appellent déjà Henri V ?

II

Quand monseigneur le comte de Paris se rendit à Frohsdorf pour s'incliner devant le chef de sa famille, et déclarer qu'il ne reconnaissait pour la France qu'une monarchie possible, celle dont monseigneur le comte de Chambord était le représentant, avait-il la perception nette de l'impossibilité de concilier les institutions politiques de l'orléanisme avec les mœurs catholiques de la France? Nous ne pouvons le dire. Peut-être a-t-il obéi à la logique des faits sans remonter à la cause.

Le règne de son grand-père a été une antinomie perpétuelle, ou plutôt un sacrifice constant des tendances morales du pays aux satisfactions matérielles. L'explosion de 1848 ne se fit certainement pas au nom de la religion ; toutefois, elle lui demanda son appui ; on ne pouvait se méprendre sur la nécessité de conduire une grande nation par d'autres moyens que des spéculations exagérées et des compétitions d'intérêts.

Ce ne fut qu'un éclair et on en revint bientôt aux luttes de partis, aux indécisions de conduite ; les principes humains s'affirmaient de nouveau, masquant chacun des intérêts, ainsi qu'il arrive fatalement de tous les principes humains.

Sans prétendre exposer, encore moins apprécier les sentiments personnels et intimes de monseigneur le comte de Paris ; sans même chercher à savoir s'il a engagé avec lui les partisans du constitutionnalisme, nous croyons qu'en faisant sa soumission à monseigneur le comte de Chambord, il a simplifié la question en ce sens que la France catholique n'ayant jamais eu qu'un roi, la France monarchique voit cesser le dualisme, de telle sorte que la France catholique et monarchique n'a plus à compter qu'avec un principe et un fait, et que le principe et le fait ont tous deux le même nom, Henri V.

Voilà pourquoi la France, dans ses malheurs, n'a pas vu surgir l'homme dont elle avait besoin. Dieu ne fait pas de double emploi. L'homme existait; celui qui représentait le principe auquel toute la France, ou au moins l'immense majorité des Français se soumet, le seul qui ait rendu possible son existence comme nation, alors que tant d'autres la divisaient et l'énervaient.

C'est à l'étranger, c'est dans l'exil que flottait le drapeau qui eût changé la guerre nationale en guerre sacrée ! Le drapeau de Henri V, c'était la guerre au nom de la France, non pas avec cette appréhension mortelle de savoir à qui serait ensuite la France; c'était la défense du pays contre l'envahisseur, du catholique contre le piétiste, de la civilisation croyante contre la barbarie savante. Un peu plus tard, c'était l'apaisement des partis par une solution définitive. Maintenant c'est le dernier espoir de salut, parce que la nation est menacée du plus grand désastre : la décomposition.

Aussi comprenons-nous difficilement ceux qui, dévoués au Roi, persuadés de la nécessité du rétablissement de la monarchie légitime, s'efforcent d'obtenir de monseigneur le comte de Chambord des concessions sans lesquelles ils prétendent que son retour est impossible.

Si la fusion est dictée par le sentiment des véritables intérêts du pays et de la nécessité de revenir au seul principe accepté par l'immense majorité du pays, pourquoi ce principe subirait-il des modifications? Dans quel sens? Faut-il donc, au lieu de rester dans son intégrité, qu'il accepte un mélange de ce constitutionnalisme qui n'a jamais réussi à unifier les intérêts, ou de cette démocratie qui marche d'erreurs en erreurs? Faut-il que la monarchie demande la sanction du vote des censitaires et crée une classe de privilégiés, ou bien qu'elle ait recours au suffrage universel qui absout le 2 décembre et vote avec enthousiasme le plébiscite précurseur de Sedan? Nous ne le pensons pas.

Le Roi doit revenir, parce qu'il représente le principe religieux et le principe monarchique.

C'est au nom de ce principe, et non en vertu de votes qui ne sont que des faits, qu'il établira les institutions nécessaires. Seul il est apte à se prononcer sur ce point. Rétabli sur le trône, et pas avant, il promulguera la constitution suivant laquelle la France doit être gouvernée.

Les libéraux, qui n'ont cependant pas à être fiers de l'œuvre accomplie par eux depuis près d'un siècle, demandent comment, avec ce système, la France peut être assurée de jouir des franchises nécessaires aux peuples modernes.

Il est facile de leur répondre que la monarchie la plus absolue aurait peine à inventer un régime plus dur, plus écrasant que le régime sous lequel la France est courbée en ce moment. Il lui serait impossible de tenir à l'écart de la vie publique toute une classe de citoyens, à cause de leurs opinions, ainsi qu'il arrive maintenant, aussi bien que de se montrer plus rigoureuse dans la répression.

En examinant de près les libertés appelées par les plus modérés nécessaires, et proclamées par les exaltés imprescriptibles, on s'aperçoit bien vite qu'il en est peu qui touchent sérieusement le peuple, leur unique effet étant de maintenir des priviléges de fait ou de créer des avantages de situation.

Au lieu d'être gouverné par un Roi, le peuple est conduit par une Assemblée, entraîné par des comités, poussé par des influences secrètes, hostiles les unes aux autres. Est-ce en vertu de ce droit humain qu'on oppose au droit divin ? Ce droit humain varie de jour en jour ; l'Assemblée n'est incontestée par ses mandants que le jour de son élection, parce que les mandants modifient leur opinion sans pouvoir agir utilement sur leurs mandataires ; les comités se nomment eux-mêmes et se font sanctionner par l'enthousiasme ou par l'indifférence ; les influences, qui ne sait comment elles s'acquièrent et comment elles se perdent ?

Le gouvernement par un Roi, établi sur un principe immuable, peut au contraire, au jour le jour, tenir compte des exigences légitimes de ce droit humain, qui ne trouve satisfaction ni par les Assemblées, ni par les comités, ni par les influences.

Ceux qui disent : « Sous la monarchie de droit divin, la nation n'a que des devoirs et pas de droits ; le Roi n'a que des droits et pas de devoirs, » oublient que *du principe même en vertu duquel le Roi règne, découlent des devoirs plus stricts qu'aucune Assemblée n'en a jamais connu ; que la sanction de ces devoirs est dans le principe même ; tandis que les partisans du droit humain cherchent en vain la sanction de leur mandat.*

La sanction du devoir est la même que celle du droit.

Le premier devoir du Roi, ainsi que nous l'expliquent les admirables instructions de Bossuet, est précisément de donner au peuple ces libertés réelles et profitables à tous, dont ne parlent guère les politiques : de réduire les impôts au strict nécessaire, d'écouter la plainte du pauvre, aussi bien que la réclamation du riche, d'aimer ses sujets, et de ne pas rejeter sur une irresponsabilité collective son droit de grâce, d'éviter la guerre étrangère et la guerre civile, de favoriser le développement de l'industrie et du commerce, ainsi que l'éclosion du génie et du talent.

Ces devoirs, nous n'avons pas à les énumérer tous ici, ne faisant point un traité de l'Art de régner ; nous indiquons seulement ce point que la constitution que l'on veut demander à un Roi de droit divin est préexistante à tous les Rois ; elle est tout entière dans l'Évangile, dont le Roi doit être le plus fidèle observateur.

Sans doute, les sceptiques seront tentés de nous railler, en nous entendant dire qu'une constitution entière et parfaite, contenant sa sanction, se trouve dans le livre saint qui se résume par ces mots : « *Aimez-vous les uns les autres.* » Et cependant, elle est bien réellement exprimée dans l'Écriture, ce document historique inaltéré et inaltérable par excellence ; et puis, est-il besoin de le dire, à quel pays cette constitution de si noble origine est-elle plus facilement applicable qu'à la

France, à la France, de toutes les nations la plus généreuse et la plus ardente ?

N'est-ce pas, hélas ! sur cette ardeur, sur cette générosité, si longtemps caractéristiques du tempérament français, que les libéraux de toutes écoles ont le plus froidement et le plus odieusement spéculé pour étayer le système de leurs théories les plus folles et les plus funestes, théories tendant à mettre en tout l'homme à la place de Dieu ?

Non, aucune des constitutions gouvernementales, depuis celle de 1793 jusqu'à celle de 1852, depuis le statut italien jusqu'à la constitution des États-Unis, ne résume aussi bien toutes les aspirations de l'humanité, de la créature à la fois matérielle et spirituelle, de la société sans cesse marchant au progrès, que ces quelques mots qui sont l'essence de l'Évangile et qui règlent les rapports des Rois avec les peuples, comme des peuples entre eux : « *Aimez-vous les uns les autres.* »

III

Mais, ceux qui reconnaissent l'excellence de cette loi pourront nous objecter que, comme toutes les lois divines, elle peut être altérée par la faiblesse humaine ; que le prince qui la représente peut s'en écarter et même la violer.

Nous répondrons d'abord que la sanction ne fait pas défaut et que les mauvais princes ont pour la plupart subi « de grandes et terribles leçons. » Mais, il est inutile de nous perdre dans les généralités, puisque nous sommes en présence d'une personnalité, et que la vie passée de monseigneur le comte de Chambord nous permet de préjuger de l'avenir.

S. A. R. le prince Henri-Charles-Ferdinand-Marie-Dieudonné d'Artois, duc de Bordeaux, est né le 29 septembre 1820, du prince Ferdinand d'Artois, duc de Berry, et de la princesse Caroline, fille de François Ier, roi des Deux-Siciles. Personne n'ignore dans quelle circonstance il vit le jour. Le 14 février 1820, son auguste père tombait sous le poignard de Louvel ; monseigneur le duc de Berry était désigné au fer des assassins ; car de lui seul on attendait un héritier de la couronne. La Providence, touchée par le sacrifice de l'illustre victime, déjoua les calculs du meurtrier et de ceux qui avaient poussé son bras. Madame la duchesse de Berry portait dans son sein un fils que l'on surnomma l'*Enfant du miracle*, et auquel sa venue inespérée fit donner sur les fonts baptismaux le nom de Dieudonné.

En 1830, lorsque le peuple trompé se souleva contre son souverain légitime, le roi Charles X, celui-ci abdiqua et le dauphin Louis-Antoine, son fils aîné, renonça à tous ses droits en faveur de monseigneur le duc de Bordeaux. Ainsi, depuis le 2 août 1830, ce prince représente tous les droits de la famille de Bourbon.

Ayant suivi sa famille dans l'exil, il eut la douleur de perdre, le 6 novembre 1836, son grand-père Charles X; le 7 novembre 1846, il épousa par procuration, à Modène, S. A. R. la princesse Marie-Thérèse-Béatrice-Gaétane, archiduchesse d'Autriche-d'Este, fille aînée de François IV, duc de Modène, dépossédé en 1859, à la suite de la guerre d'Italie. Ce mariage fut définitivement accompli le 16 novembre 1846, à Bruck-sur-la-Mure.

Monseigneur le comte de Chambord, duc de Bordeaux, héritier des droits de la glorieuse maison de Bourbon qui a donné à la France l'Alsace et la Lorraine, est âgé de cinquante-trois ans:

C'est depuis trois ans seulement qu'il est privé des conseils et de l'amour de son auguste mère, madame la duchesse de Berry, morte en avril 1870, au moment où se préparait le plébiscite qui devait avoir de si tristes résultats pour la France.

Cette princesse, dont tout le monde connaissait l'âme chevaleresque et le cœur généreux, et sur les infortunes de laquelle on est heureux de jeter le voile de l'oubli, ne cessa d'inspirer à son fils des sentiments dignes de son rang.

Quelles que fussent ses destinées futures, elle voulut qu'il pût toujours porter hautement ce titre de premier gentilhomme du monde, que nul ne songe à lui contester. Ce titre rayonne sur son visage, qui exprime à la fois la douceur et la fermeté; toutes ses paroles, tous ses actes l'ont justifié.

Au milieu des compétitions des partis, jamais le nom du comte de Chambord n'a été prononcé comme un signal de discorde; le Prince s'est borné à protester contre les usurpations, on sait avec quelle dignité et quelle résignation aux volontés de la Providence; et maintenant encore, on peut dire qu'il n'a provoqué aucune des démarches tentées auprès de lui. Son langage n'a pas varié. Il ne veut pas de surprise; il ne veut pas qu'on s'attende à trouver en lui autre chose qu'un principe absolu, inébranlable : « *Je ne consentirai jamais à être le Roi légitime de la Révolution,* » telle est sa profession de foi, qui n'a rien d'équivoque.

A ses yeux, et il le dit hautement, tout ce qui est en dehors du principe religieux et monarchique est transitoire; aussi ne comprend-il pas l'acceptation de ce principe sans le symbole qui l'exprime de la manière la plus nette : le drapeau blanc. Les armes de Bourbon, les trois fleurs de lis d'or, sur champ d'azur, ne doivent pas être écartelées, pas plus du bonnet phrygien ou du faisceau des licteurs qu'ils ne l'ont été de Lorraine ou de Castille, lors des grandes alliances de cette maison souveraine.

Voilà ce qui résulte de la vie passée de monseigneur le comte de Chambord, et les déclarations que nous trouvons dans ses protestations antérieures et dans sa correspondance avec monseigneur le duc de Nemours, il les a affirmées avec plus de vigueur encore depuis 1871. Si la France veut enfin chercher dans un principe immuable son repos et sa régénération, Henri V accepte la mission de la diriger ; si elle veut encore affronter les dangers inhérents aux essais, aux expériences d'un progrès plus que contestable, si l'on en juge d'après les faits, il refuse de conduire cette nouvelle aventure.

Dira-t-on qu'il s'impose ? Comment le dire alors qu'il montre un tel détachement du trône, qu'il se refuse aux concessions en apparence les moins importantes ? Que serait-ce que l'adoption d'un drapeau, comme le disent les sceptiques pour lesquels le drapeau n'est qu'un lambeau d'étoffe ? Que serait-ce que la promesse d'une constitution ? Ceux qui la demandent savent à combien de constitutions ils ont prêté serment. Mais Henri V ne connaît pas ces subterfuges. Son drapeau c'est le drapeau blanc, la constitution qu'il peut donner, c'est celle qui découle de son principe. Il n'a nul engagement à prendre que de tenir haut son drapeau et de se conduire d'après son principe ; il ne procède que d'une volonté, celle en vertu de laquelle il est né roi de France.

Qu'on vienne ensuite profiter de ces déclarations pour dire au peuple que Henri V ramènera l'ancien régime, que les droits acquis seront mis en péril, que le paysan sera menacé dans sa terre, l'ouvrier dans la rémunération de son travail, c'est descendre aux détails pour abaisser une discussion que l'on ne peut aborder à sa véritable hauteur.

Pense-t-on à critiquer l'œuvre infinie du Créateur en prenant seulement les faits d'un ordre secondaire, et surtout ceux dans lesquels intervient la volonté humaine? Le gouvernement monarchique, fondé sur le droit divin, doit être apprécié de même. Il faut tenir compte surtout de la maxime fondamentale en laquelle il se résume et d'où ne peut sortir que le bien. Ici nous voyons que le Prince qui revendique ce principe comme sien en reconnaît la sanction, et c'est la plus solide des garanties.

IV

On objecte l'influence qu'exercera sur la politique étrangère le rétablissement sur le trône de France du chef de la maison de Bourbon. Le voyage de Victor-Emmanuel à Vienne et à Berlin est un avertissement donné à la France. Monseigneur le comte de Chambord n'a cessé de dire que la protection de la France était acquise au successeur de saint Pierre. C'est une menace contre l'indépendance et l'unité de l'Italie! s'écrient les adversaires de la monarchie légitime. Nous nous garderions bien de commenter les paroles du Prince et de leur donner une interprétation téméraire; pourquoi donc tous ceux qui le combattent n'auraient-ils pas la même réserve?

Quel est donc le souverain français, sous quelque forme qu'ait été exercée la souveraineté, qui n'ait déclaré couvrir le Pape de sa protection? Mais l'Angleterre, puissance protestante, n'a-t-elle pas offert au Souverain Pontife un refuge contre une persécution possible? Et quels desseins étranges prête-t-on donc à l'Italie que cette affirmation du dévouement d'un Roi de France au Saint-Siége doive lui paraître une menace?

Si nous faisions une œuvre de passion, ne pourrions-nous pas répondre par un argument contraire ? Ne pourrions-nous dire que ses adversaires, croyant la France abattue, assistaient froidement au spectacle de ses discordes intérieures, croyant inutile de tenter le moindre effort pour satisfaire des ambitions inassouvies ; tandis que, la voyant sur le point de se retremper dans le principe qui l'a faite forte et glorieuse, ils jugent que la proie convoitée pourrait leur échapper ; qu'il est temps de prendre des précautions, qu'il ne faut pas laisser à la royauté le délai nécessaire à la réorganisation de ce malheureux pays ? Ne pourrions-nous dire qu'il ne s'agit pas du Souverain Pontife dont on craint la délivrance, mais de Nice et de la Savoie qu'on voit échapper définitivement à la séparation fomentée depuis 1870 ?

Nous aimons mieux reconnaître que nous n'avons pas le droit d'apprécier les motifs secrets de M. de Bismark et de Victor-Emmanuel, que de tirer des paroles de monseigneur le comte de Chambord des conclusions que, seul, il est apte à formuler. Il est d'ailleurs assez dangereux de faire ainsi parler et agir les princes et les ministres.

Ne nous dit-on pas que si monseigneur le comte de Chambord remonte sur le trône de France, Victor-Emmanuel le sommera immédiatement d'avoir à reconnaître le royaume d'Italie, et que le refus ou le délai serait considéré par lui comme déclaration de guerre. A qui prétend-on faire croire de semblables énormités? Que les Français, qui depuis quelque temps sont bien mal partagés sous le rapport diplomatique, s'y laissent prendre un moment, cela se conçoit encore ; mais toute l'Europe connaît le droit dès que toute l'Europe a intérêt au maintien des usages diplomatiques.

Or, si Henri V monte sur le trône, c'est à lui de signifier son avénement aux gouvernements étrangers. En négligera-t-il un ou plusieurs ? Qui le sait ? Et ceux qu'il négligera auront-ils d'autre droit que de ne pas répondre à une notification qu'ils n'auront pas reçue ?

Que si l'on prétend entrevoir l'avenir, au moins que la forme de ces prophéties ne heurte pas le bon sens, ni les usages généralement adoptés. Qu'on ne vienne pas nous parler, par exemple, des sentiments de la Russie en cette occasion ; qu'on ne nous la montre pas préférant la forme républicaine à la forme monarchique pour le gouvernement de la France ; qu'on ne dise pas que, pour faire obstacle à cette dernière, elle se considérerait comme engagée par l'entrevue de 1871.

La Russie ne veut que le maintien de l'Europe

dans la situation physique actuelle, parce qu'elle peut ainsi achever, sans préoccupation, la conquête de l'Asie et poursuivre sans interruption sa marche vers l'Orient ; elle se met en bons termes avec la Prusse, pour que la Prusse garde l'Europe et ne songe point à revendiquer les provinces baltiques ; et il lui faudrait autre chose qu'un prétexte pour qu'elle encourageât l'Italie et la Prusse à s'agrandir aux dépens de la France. Quant à l'Autriche, elle reste neutre par sentiment et par nécessité.

La question reste donc posée entre la France et son Roi. Que les cœurs pusillanimes ne se laissent point ébranler par les fantasmagories évoquées du dehors. Aucune puissance ne peut ignorer combien d'efforts et de temps exige la réorganisation morale et matérielle de la France, dont la situation est beaucoup plus grave qu'on ne pense. Il ne convient point de s'étourdir par la facilité avec laquelle on a pansé les premières plaies de la guerre. La libération du territoire s'est accomplie avec une rapidité qui prouve la puissance de ce pays, lorsqu'il unit toutes ses idées, toutes ses ressources pour tendre à un but unique et nettement indiqué. Mais maintenant, quel est donc le sentiment unique qui reliera tous les partis, qui disciplinera toutes les forces ? C'est en vain que nous le cherchons en dehors de celui qui se réveille en France, après une si longue et si cruelle expérience de tous les sophismes révolutionnaires.

Confiance ! Dieu fléchi par les prières de la nation la plus éprouvée, il est vrai, mais aussi la plus catholique du monde, permettra, nous l'espérons, que les nobles et grandes qualités du Prince se montrent bientôt à tous les yeux, et que, dans un avenir prochain et heureux pour le salut de la France, le petit-fils de saint Louis soit appelé à agir et à parler en roi comme saint Louis.

HISTOIRE UNIVERSELLE DE L'ÉGLISE CATHOLIQUE, par Rohrbacher, continuée de 1846 à 1866 par J. Chantrel, suivie d'une table générale méthodique et très-complète, par un professeur à l'école des Chartes, et d'un atlas historique spécial, par A. H. Dufour. Sixième édition. 16 volumes grand in-8, à deux colonnes.

Prix : *sans l'Atlas*.................................. 100 fr.
— *avec l'Atlas relié*........................... 118 fr.

Les *Annales ecclésiastiques* de 1867 à 1868, par J. Chantrel, formant le 17ᵉ volume de l'*Histoire de Rohrbacher*, viennent de paraître en 1 volume grand in-8, *vendu séparément*................................. 10 fr.

Quatre améliorations principales distinguent cette nouvelle édition : 1° *un atlas historique; composé de 24 cartes coloriées;* 2° *des Annales ecclésiastiques de 1846 à 1866, renfermant les pièces pontificales, les documents religieux qui constituent les matériaux de l'histoire de l'Église pendant ces dernières années;* 3° *une table générale entièrement refondue;* 4° *la révision du style de l'auteur et la vérification de ses citations.*

Ouvrages de FRÉDÉRIC GODEFROY, lauréat de l'Académie française et de l'Institut.

HISTOIRE DE LA LITTÉRATURE FRANÇAISE depuis le xvıᵉ siècle jusqu'à nos jours. *Ouvrage couronné par l'Académie française.* 6 vol. in-8. Prix des 4 vol. parus.. 27 fr.

Les esprits les plus éminents de ce temps-ci et l'Académie française ont salué avec joie, et on nous permettra bien de le dire, avec une sorte d'enthousiasme, le beau monument que M. Frédéric Godefroy vient d'élever à la gloire des lettres françaises.
Merveilleusement préparé à ce labeur difficile par des études de linguistique et de grammaire que nul en ce temps n'a approfondies comme lui, l'auteur est doué d'une finesse de goût et d'une délicatesse dans les sentiments qui donnent à ses appréciations si complètes et si larges un parfum de nouveauté et une fraîcheur pleine d'originalité.
Plusieurs des études de M. Godefroy sont de vraies révélations, et il est impossible de souhaiter des appréciations plus saines, plus nettes et, cela ne gâte jamais rien, mieux écrites que les siennes. Signalons un des grands mérites de ces volumes précieux : le choix des morceaux cités donne toujours une leçon de morale ou d'histoire en même temps qu'une leçon de littérature. Il en résulte un recueil de lectures irréprochables que l'on peut mettre entre toutes les mains. Nous souhaitons qu'il arrive auprès de nombreux lecteurs : il fera l'éducation des jeunes et complétera celle des meilleurs lettrés.

Morceaux choisis des prosateurs et poëtes français des xvııᵉ, xvıııᵉ et xıxᵉ siècles, présentés dans l'ordre chronologique, gradués et accompagnés de notices et de notes :

1ᵉʳ *Cours*. 1 vol. in-12, cart...................... 2 fr. 75
2ᵉ *Cours*. 1 vol. in-12, cart...................... 3 fr. 75
3ᵉ *Cours*. 3 vol. in-12, br....................... 12 fr. »

Une nouvelle édition revue et corrigée avec le plus grand soin des Poëtes des xvııᵉ, xvıııᵉ et xıxᵉ siècles sera mise en vente avant la prochaine rentrée des classes.

Cours préparatoire (1ᵉʳ âge). 1 vol. in-12, broché........ 1 fr.
Cart... 1 fr. 20

Ce cours préparatoire, composé avec le soin le plus attentif et le plus scrupuleux de la quintessence des bons auteurs, offrira aux jeunes enfants des deux sexes que l'on commence d'initier à l'étude de la langue française, un recueil de lectures *très-attachantes* et *très-variées*, et leur servira d'exercices de mémoire. Il fournira texte aux maîtres et maîtresses pour quantité d'explications de morale, de grammaire, de style, d'histoire et de géographie.

Chez les mêmes Éditeurs

HISTOIRE DE FRANCE

DEPUIS

LES ORIGINES GAULOISES JUSQU'A NOS JOURS

PAR

A. GABOURD

20 volumes de 500 à 600 pages, avec Cartes géographiques

PRIX : 110 FRANCS

La publication de cette HISTOIRE DE FRANCE est entièrement terminée

LISTE DES CARTES DRESSÉES POUR CETTE HISTOIRE

1. Gaule avant la conquête romaine.
2. Gaule au moment de la grande invasion des Francs.
3. Empire de Charlemagne.
4. France et Europe occidentale après le partage de Verdun.
5. France féodale sous Philippe-Auguste.
6. France à l'avénement des Valois.
7. France sous Henri IV.
8. France sous Louis XIV.
9. France et Italie septentrionale en 1789.
10. France en 1813.

DU MÊME AUTEUR

HISTOIRE DE PARIS

DEPUIS SON ORIGINE JUSQU'AUX TEMPS ACTUELS

5 vol. in-8, ornés de 20 gravures sur acier, de figures intercalées dans le texte et d'un plan archéologique de Paris

Prix : 30 francs

CORBEIL, typ. et stér. de CRÊTE FILS.

www.ingramcontent.com/pod-product-compliance
Lightning Source LLC
Chambersburg PA
CBHW060704050426
42451CB00010B/1263